MW00895963

Mondes polaires

Avec un merci particulier à Birgit Freybe Bateman, ma compagne d'aventures dans les mondes polaires.
— Robert Bateman

Copyright © Boshkung Inc., 2008, pour les illustrations.
Copyright © The Madison Press Limited, 2008 pour le texte anglais, la conception et la compilation.
Copyright © Éditions Scholastic, 2008, pour le texte français.
Tous droits réservés.

Il est interdit de reproduire, d'enregistrer ou de diffuser, en tout ou en partie, le présent ouvrage
par quelque procédé que ce soit, électronique, mécanique, photographique, sonore, magnétique
ou autre, sans avoir obtenu au préalable l'autorisation écrite des détenteurs du copyright, sauf s'il
s'agit de courts extraits cités par un critique littéraire dans un journal ou une revue.

Édition publiée par les Éditions Scholastic, 604, rue King Ouest,
Toronto (Ontario) M5V 1E1 CANADA.

Catalogage avant publication de Bibliothèque et Archives Canada
Bateman, Robert, 1930-
        Mondes polaires : la vie au froid extrême / Robert Bateman et Nancy Kovacs; texte français
de Marie-Josée Brière.
Traduction de : Polar worlds.
ISBN 978-0-545-99726-3
        1. Animaux--Régions polaires--Ouvrages pour la jeunesse.
2. Animaux--Régions polaires--Ouvrages illustrés--Ouvrages pour la
jeunesse. 3. Bateman, Robert, 1930- --Voyages--Régions polaires--Ouvrages
pour la jeunesse. 4. Régions polaires--Descriptions et voyages--Ouvrages
pour la jeunesse. I. Kovacs, Nancy II. Brière, Marie-Josée III. Titre.

QL104.B3814 2008   j591.75'86   C2008-900444-2

ISBN-10 0-545-99726-7

5 4 3 2 1   Imprimé à Singapour par Tien Wah Press   08 09 10 11 12

Ce livre est imprimé sur du papier fabriqué à partir d'arbres provenant de forêts renouvelables
gérées selon des pratiques écologiques.

Mondes polaires

La vie au froid extrême

Robert Bateman

Consultante : Nancy Kovacs
Texte français de Marie-Josée Brière

Éditions Scholastic / Madison Press

Introduction

J'adore voyager et j'ai eu la chance de parcourir de nombreuses régions du monde où la nature et la faune sont particulièrement riches. J'avoue cependant que je n'attendais pas grand-chose de mes premiers voyages en Arctique et en Antarctique. Après tout, le climat y est rude et la survie difficile. Que pouvait-il y avoir d'intéressant là-bas?

La première fois que je me suis rendu dans l'Arctique, j'étais étudiant à l'université. J'avais été embauché pour aider un géologue à cartographier un dépôt de minerai de fer. Dès ma descente du petit avion qui nous avait amenés à destination, dans un coin isolé du nord du Québec, j'ai été frappé par la beauté du paysage, et par la variété et l'abondance exceptionnelles de la faune. Les plantes et les buissons étaient beaucoup plus petits que sous les climats plus chauds. Ainsi j'avais l'impression d'être un géant dans un univers en miniature. Je suis immédiatement tombé sous le charme. Par conséquent, j'ai passé tous mes temps libres à observer et à dessiner les oiseaux et les animaux innombrables que je voyais. J'ai retrouvé le même enchantement à chacun de mes voyages suivants. J'ai visité beaucoup de régions arctiques, en Amérique du Nord et en Europe, et la beauté du Grand Nord est tout aussi fascinante à chaque voyage.

Je suis allé en Antarctique bien des années plus tard et, très franchement, je pensais y trouver seulement de vastes étendues d'océan, de glace et de montagnes, ponctuées peut-être, de temps en temps, par un minuscule pingouin dans le lointain. J'étais curieux, bien sûr, mais tu peux imaginer mon étonnement quand j'ai découvert une région d'une beauté spectaculaire, grouillante de vie animale.

Mes aventures polaires comptent parmi mes voyages les plus extraordinaires. Il n'est pas facile de se rendre dans ces régions, mais elles en valent la peine. J'espère que ces pages te feront faire de nombreuses découvertes et qu'elles te pousseront à en apprendre davantage sur la beauté des deux régions polaires.

Un loup blanc observe les paysages désolés de l'hiver arctique.

Dans
L'ARCTIQUE

L'ours polaire

L'ours polaire est le symbole de l'Arctique, dont il parcourt les vastes étendues glacées à la recherche de nourriture. Le corps énorme de ce grand carnivore blanc est couvert d'une abondante fourrure épaisse, qui l'aide à conserver sa chaleur. Certains de ses poils sont creux, pour lui permettre de flotter dans l'eau. Il a aussi des poils sous la plante des pieds, ce qui lui assure une bonne prise sur la glace.

Les ours polaires mangent surtout des phoques, et en particulier des phoques annelés. Ce sont des chasseurs patients et efficaces, sans doute les plus ingénieux des animaux de l'Arctique. Quand un ours polaire traque un phoque annelé, il fait parfois semblant d'être un bloc de glace flottant douce-ment sur l'eau vers la banquise sur laquelle le phoque se repose. Sans se faire remarquer, il reste bien tranquille jusqu'à ce qu'il soit assez proche pour attraper sa proie. Il lui arrive aussi d'ériger un mur de neige et de se cacher derrière en attendant qu'un phoque passe par là.

Ma famille et moi avons eu la chance de voir de près un ours polaire en train de se régaler d'un phoque qu'il venait d'attraper sur la banquise. Quand il a vu notre navire s'avancer vers lui, l'ours nous a observés d'un air méfiant. De toute évidence, il ne voulait pas lâcher sa proie. Nous nous sommes approchés un peu trop à son goût, alors il a sauté dans l'eau et nous a accompagnés à la nage pendant quelques minutes. Enfin, il a grimpé sur un autre bloc de glace flottant, il a secoué sa proie dans les airs, il a replongé dans l'eau avec et il s'est éloigné à la nage vers un endroit plus tranquille pour manger.

L'ours polaire vit et chasse dans les glaces de l'Arctique. Le rétrécissement des calottes polaires et le réchauffement des eaux arctiques menacent toutefois la survie de ce redoutable chasseur.

L'ours polaire
DE PLUS PRÈS

- L'ours polaire est le plus grand prédateur terrestre au monde. Le mâle pèse de 350 à 680 kilos environ. La femelle est beaucoup moins lourde, avec un poids de 150 à 250 kilos seulement.

- L'ours polaire est protégé du froid grâce, notamment, à la couche de graisse qu'il a sous la peau. Cette graisse, qui peut avoir une douzaine de centimètres d'épaisseur, lui permet de garder son corps à une température normale, même quand il fait -37°C !

- Un ours mange jusqu'à 45 kilos de gras de phoque en un seul repas.

- Le foie d'un ours polaire contient assez de vitamine A pour empoisonner un humain. Il n'est donc pas recommandé de manger son foie !

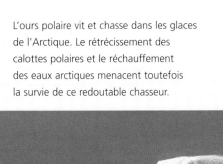

Le grizzly
DE PLUS
PRÈS

- Le mot « grizzly » veut dire « gris » et fait référence aux extrémités grisâtres de la fourrure de cet ours qu'on appelle aussi « ours brun ».

- Le grizzly adulte pèse de 180 à 680 kilos et mesure près de 2,5 mètres, debout sur ses pattes arrière. Le mâle est presque deux fois plus gros que la femelle.

- La grosse bosse sur les épaules du grizzly est faite entièrement de muscles, qui donnent à ses pattes avant la puissance nécessaire pour creuser le sol à la recherche de nourriture.

Le grizzly

On trouve des grizzlys – aussi appelés « ours bruns » – dans toutes les parties du monde, tant dans l'Arctique que dans les régions tempérées. Ils peuvent être très féroces, surtout quand il s'agit de défendre leur nourriture, et les mères n'hésitent pas à se servir de leurs longues griffes puissantes et acérées pour protéger leurs petits.

Les grizzlys de l'Arctique hibernent dans une tanière pendant la longue saison froide. La température de leur corps s'abaisse, et toutes les fonctions de leur organisme ralentissent. Ils peuvent rester dans leur tanière pendant cinq à sept mois au cours des hivers les plus froids, car ils n'ont pas besoin de manger ni de boire. Dans les régions tempérées, ils hibernent moins longtemps. Dans les habitats les plus chauds, ils peuvent rester actifs tout l'hiver.

Le grizzly est un omnivore, tout comme nous. Cela signifie qu'il mange toutes sortes d'aliments : du poisson, de petits mammifères, des herbes et d'autres plantes, et même des racines. Ses griffes pointues, capables de mettre en pièces un intrus qui le menace, lui permettent aussi d'aller chercher des insectes dans des troncs d'arbre pourris ou d'extraire de petits animaux du sol. Si la nourriture se fait rare, le grizzly recherchera celle des humains, c'est pourquoi les visiteurs des régions arctiques doivent conserver leur nourriture dans des contenants spéciaux.

Vers la fin de l'hibernation, la femelle enceinte donne naissance à une portée de deux à quatre oursons. Au printemps, la famille sort de sa tanière. L'ourse prend soin de ses petits pendant au moins deux ans. En grandissant, ceux-ci apprennent tout ce dont ils auront besoin pour survivre seuls. Ils semblent passer leur temps à jouer, mais en réalité, ils sont en train de faire des découvertes et des expériences.

Les morses
DE PLUS PRÈS

- Les morses mâles mesurent de 2,5 à 3,5 mètres de longueur environ, et les femelles, de 2 à 3 mètres.

- Le poids des mâles varie entre 800 et 1 560 kilos, tandis que les femelles pèsent de 570 à 1 040 kilos.

- Les morses mangent des coquillages en aspirant la chair de leur coquille.

- Ils partagent leur vie entre l'océan, la terre ferme et la banquise; lorsqu'ils sont sur la terre ferme ou sur la glace, ils se réunissent en grands groupes, parfois par milliers.

Les phoques, les otaries et les morses

Les phoques et les otaries ont un corps en forme de torpille, ce qui les rend maladroits sur la terre ferme, mais très agiles dans l'eau. Leurs nageoires arrière ne leur sont d'aucune utilité sur terre, mais elles leur permettent de nager rapidement. Leurs petites nageoires avant sont munies de minuscules griffes avec lesquelles ils attrapent leurs proies. Comme les baleines, les phoques et les otaries fournissent depuis des siècles de la nourriture, de la graisse et des peaux aux peuples autochtones de l'Arctique.

Les morses sont de très gros phoques. Ils vivent dans les eaux glacées de toutes les régions arctiques. Avec leurs moustaches et leurs longues défenses, on dirait de drôles de vieux messieurs. Leurs moustaches sont en réalité des capteurs qui les aident à repérer leur nourriture dans les fonds boueux de l'océan. Quant à leurs défenses, ils s'en servent pour se hisser hors de l'eau, pour percer des trous d'air dans la glace et les mâles les utilisent pour se battre avec les autres mâles pendant la saison des amours. Les épaulards et les ours polaires doivent faire très attention pour éviter de se faire blesser grièvement ou même tuer par ces défenses redoutables lorsque les morses les chassent.

Les morses trouvent leur nourriture au fond de l'océan. Ils projettent de grands jets d'eau sur le fond de l'océan pour déloger des palourdes et d'autres coquillages bivalves. En tenant leurs proies serrées entre leurs mâchoires, ils en aspirent la chair comme un aspirateur et l'avalent tout rond.

Les morses ont une peau très épaisse, toute ridée. Elle leur sert en quelque sorte d'armure pour se protéger des attaques des autres animaux. Sous cette peau, une épaisse couche de graisse les isole des températures glaciales des eaux arctiques.

D'autres animaux arctiques

La toundra arctique abrite une grande diversité de mammifères terrestres. Beaucoup d'entre eux ont une fourrure blanche pendant l'hiver et plus foncée l'été venu, ce qui leur permet de se fondre dans leur environnement en toutes saisons. Les mammifères terrestres de l'Arctique possèdent une fourrure épaisse, particulièrement courte et dense près de la peau qui les aide à survivre au froid mordant de l'hiver. La fourrure d'un bon nombre de ces mammifères est enduite d'une huile secrétée par des glandes spéciales, ce qui la rend bien chaude.

Le mouflon de Dall, par exemple, vit surtout dans le nord de l'Alaska (aux États-Unis) et dans le territoire canadien du Yukon. Je suis tombé un jour sur un troupeau de mouflons de Dall dans un parc de l'Alaska. Je savais qu'ils pouvaient être très intimidés par les humains, alors je me suis avancé tout doucement en décrivant un grand cercle pour pouvoir les observer d'en haut. Je me réjouissais d'avoir pu les approcher d'aussi près quand l'un d'entre eux s'est mis à grimper avec nonchalance avant de s'immobiliser à quelques pas de moi. Je ne savais pas qu'ils pouvaient être aussi peu sauvages!

Le mouflon de Dall (à gauche) se retrouve uniquement en Amérique du Nord, mais il a un proche parent, le mouflon des neiges, qui vit dans les zones arctiques de la Sibérie.

La jolie hermine (ci-dessus) est un prédateur féroce. Elle mange aussi bien de petits mammifères que des insectes, des oiseaux et des œufs. C'est une excellente nageuse et une bonne grimpeuse.

Le lièvre arctique (ci-dessous) peut bondir à une vitesse de 60 kilomètres à l'heure.

Le lièvre arctique vit dans les terres basses de l'Arctique. Ses oreilles sont plutôt courtes, et ses grandes pattes arrière lui servent de raquettes dans l'épaisse neige pendant l'hiver. Ses griffes sont fortes et bien adaptées pour creuser dans la neige à la recherche de nourriture ou d'un abri. Pour échapper aux prédateurs, il se dissimule derrière une pierre ou un tas de neige, les oreilles collées sur la tête. Seuls ses yeux sont visibles tandis qu'il surveille les vastes étendues qui l'entourent. Quand il est surpris, il se dresse sur ses pattes arrière et, comme une boule de neige qui rebondirait, il s'éloigne rapidement en sautillant dans la neige.

L'hermine est un animal circumpolaire. Elle a une fourrure d'un brun riche en été, mais elle est connue surtout pour son magnifique pelage d'hiver, d'un blanc immaculé. Cette fourrure blanche a longtemps été très prisée par les commerçants de fourrures et la royauté européenne.

La survie dans l'Arctique

Les humains habitent l'Arctique depuis des milliers d'années. Dans cet environnement difficile, ils n'ont pu survivre aux hivers glaciaux qu'en tirant profit de ce qu'ils pouvaient trouver à proximité. Traditionnellement, leurs vêtements étaient faits de peaux de bêtes, et leur alimentation se composait des animaux qu'ils capturaient, auxquels ils ajoutaient des plantes et des baies en été. Ils construisaient leurs maisons avec de la glace et de la neige ou avec des peaux et des os de baleines. Au cours d'un de mes premiers voyages là-bas, j'ai vu une femme laver ses vêtements dans les eaux froides d'un ruisseau. La vie demeure difficile dans ce climat très dur.

Pour les animaux et les oiseaux qui ne migrent pas vers le sud, la recherche de nourriture, dans l'Arctique, en hiver, peut aussi être difficile. Bien souvent, ils doivent fouiller dans la neige et la glace.

Ce crâne d'ours polaire reposant sur les vastes étendues désertes de l'Arctique symbolise parfaitement les rigueurs de la vie polaire.

Ces ours polaires se battent pour un gros saumon que l'un d'eux a attrapé. Le poisson est très important dans l'alimentation des humains et des animaux des régions polaires.

Les caribous de Peary, par exemple, creusent dans la neige avec leurs sabots robustes pour atteindre les herbes et les autres plantes qu'ils aiment brouter. Les grizzlys, eux, se servent de leurs longues griffes pointues pour trouver à manger.

Bien sûr, pour survivre, il ne suffit pas seulement de trouver de la nourriture, il faut aussi éviter de servir de repas à un autre animal. Grâce au plumage noir et doré de son dos, le pluvier doré au dos moucheté de noir et d'or (à droite) se fond si bien dans son environnement mordoré qu'on s'aperçoit rarement de sa présence avant d'avoir entendu son cri. Il m'est arrivé de passer plusieurs minutes tout près d'un nid sans réussir à distinguer les quatre oisillons minuscules qu'il contenait, tellement ils étaient bien camouflés.

La survie dans l'Arctique représente peut-être un tour de force, mais les étés, bien que froids, offrent une beauté à en couper le souffle. Les rayons de soleil, bas sur l'horizon, brillent sur les lacs et les rivières aux eaux cristallines. Ils illuminent les collines dénudées et font ressortir la richesse et la variété de la toundra vallonnée qui s'étend à perte de vue. Lors de mon premier voyage, la scène m'a fait penser à un tapis persan qui serait fait non pas de fils, mais de mousses, de lichens, de saules et de bouleaux nains, et d'innombrables plantes à fleurs multicolores.

Le caribou

Les rennes qui vivent en Amérique du Nord portent le nom de « caribous ». Contrairement aux autres membres de la famille des rennes, les femelles caribous tout comme les mâles ont des bois. On trouvait autrefois des rennes sauvages partout en Arctique, mais la plupart sont aujourd'hui domestiqués. Il ne reste d'importants troupeaux de rennes sauvages qu'en Amérique du Nord.

Les caribous de Peary sont les plus petits des rennes nord-américains. Ces caribous vivent dans les îles de l'Extrême Arctique. Ils parcourent la région en grands troupeaux, à la recherche de leurs aliments préférés : mousses, lichens et plantes vertes.

Leur fourrure épaisse est blanche en hiver et plus foncé en été. Ses nombreux poils creux leur permettent de rester à la surface de l'eau lorsqu'ils nagent. Leurs sabots fendus sont flexibles et peuvent s'écarter et servir de raquettes, ce qui leur facilite la marche dans la neige. Ces larges sabots leur servent aussi de pagaies dans l'eau et d'outils pour creuser dans la neige, l'hiver, à la recherche de lichens. Les caribous de Peary sont chassés principalement par les loups. Ils figurent sur la liste des espèces canadiennes menacées de disparition parce que leur nombre a diminué considérablement depuis vingt ans. Les scientifiques ne savent pas exactement si cette baisse est attribuable, par exemple, à une augmentation des populations de loups, aux changements climatiques ou à une concurrence accrue des bœufs musqués pour la nourriture disponible.

Le caribou DE PLUS PRÈS

- Il existe trois espèces de caribous : le caribou des toundras, le caribou de Peary et le caribou des bois (qui ne se trouve pas en Arctique).

- Quelques rennes de Norvège ont été introduits il y a 100 ans dans l'île de la Géorgie du Sud (dans l'Antarctique). Il y subsiste toujours deux troupeaux.

- Le caribou des toundras vit dans la toundra arctique, plus au sud que celui de Peary. C'est le cervidé qui a les plus grandes ramures pour sa taille.

- Chez les caribous de Peary, les femelles pèsent en moyenne 60 kilos, et les mâles, 110 kilos.

- Les femelles font en moyenne 1,4 mètre de longueur, et les mâles, 1,7 mètre.

Le caribou de Peary a une très grande ramure couverte d'un duvet pelucheux appelé « velours ». Ce velours est de couleur foncée, mais en dessous, le bois est entièrement blanc.

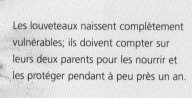

Les louveteaux naissent complètement vulnérables; ils doivent compter sur leurs deux parents pour les nourrir et les protéger pendant à peu près un an.

Le loup arctique

Les loups arctiques vivent en meutes dans les terres glacées de l'Extrême Arctique, où le sol reste souvent gelé toute l'année. Pour s'assurer d'avoir assez à manger, chaque meute occupe un vaste territoire, dont la superficie peut avoisiner les 2 000 hectares. Ces loups sont un peu plus petits que les autres et ils ont les oreilles plus courtes afin de mieux lutter contre le froid.

Les loups arctiques forment de petites meutes qui incluent généralement la mère, le père et les jeunes (jusqu'à deux ou trois ans). Ils se nourrissent principalement de bœufs musqués et de caribous, mais ils peuvent aussi manger de petits mammifères comme des lièvres et des écureuils terrestres. Ils se réunissent en meutes plus nombreuses pour attaquer des proies plus grosses. Ils choisissent les membres les plus vieux et les plus faibles d'un troupeau, car ces animaux seront plus faciles à capturer. En ciblant ainsi les animaux les plus vulnérables, les loups contribuent à la robustesse et à la santé des troupeaux de caribous et de bœufs musqués.

Parce qu'ils vivent dans des régions où il fait trop froid pour les humains, les loups arctiques ne sont pas menacés, contrairement à leurs cousins des contrées plus chaudes, qui sont souvent la cible des chasseurs.

Le loup arctique
DE PLUS PRÈS

- Les loups arctiques mesurent de 60 à 90 centimètres de hauteur et de 1 à 1,5 mètre de longueur, de la tête à la base de la queue.

- Ils peuvent peser jusqu'à 80 kilos. Les femelles sont plus légères que les mâles.

- On ne trouve des loups arctiques que dans l'Arctique canadien et au Groenland.

- Le sol est habituellement gelé dans ces régions; il est donc impossible d'y creuser des trous. C'est pourquoi les loups arctiques aménagent souvent leurs tanières dans des cavernes.

- À la fin du printemps, les louves donnent naissance à deux ou trois louveteaux. Elles ont des portées plus petites que chez les autres espèces de loups.

- L'espérance de vie moyenne des loups arctiques est de sept ans à l'état sauvage. En captivité, on en a déjà vu qui avaient atteint l'âge de 17 ans.

Les baleines arctiques

Les baleines sont des mammifères qui vivent dans l'océan. Les baleines n'ont pas de fourrure, mais elles ont une peau très épaisse et une bonne couche de graisse, aussi appelé « blanc de baleine », qui leur sert d'isolant. C'est ce qui leur permet de conserver leur chaleur dans l'eau froide.

Le béluga émet des gloussements, des sifflements, des claquements, des gazouillis et des trilles qui ressemblent à un chant; c'est pourquoi on le surnomme le « canari de mer ». Son nom signifie « blanc » en russe, mais les jeunes bélugas sont gris. Ainsi, il est difficile pour les prédateurs comme les ours polaires et les épaulards de les voir. Comme les autres baleines, les bélugas se déplacent en troupes. Ils se nourrissent de harengs, de morues, de calmars et de pieuvres. Leurs petites dents ne leur servent pas à mastiquer, mais à attraper leurs proies, qu'ils avalent tout rond.

J'avoue que je ne trouve pas le narval très intéressant, à part sa défense qui est une pure merveille. L'incisive gauche du mâle pousse jusqu'à 2,5 mètres de long, ce qui donne au narval l'apparence d'une licorne marine. Cette défense peut sembler une arme dangereuse, mais c'est en réalité un instrument très sensible. Plus de 10 millions de nerfs minuscules la traversent, ce qui permet au narval de sentir les caractéristiques de l'eau dans laquelle il nage, par exemple sa température, sa salinité, sa pression et la présence d'autres créatures.

La baleine boréale, la plus grosse des baleines arctiques, a une bouche arquée très particulière. Elle a long-temps été chassée activement pour sa graisse, sa viande, son huile et ses os. Autrefois très répandue dans tout l'Arctique, elle est aujourd'hui menacée de disparition. La chasse à la baleine boréale est maintenant interdite, sauf aux populations autochtones qui s'en nourrissent.

(Ci-dessus) La défense torsadée du narval semble sortie tout droit d'un conte fantastique. On attribuait autrefois des propriétés magiques à cette défense.

Cette petite baleine blanche (ci-dessous) est un béluga, qui a toujours l'air de sourire.

Les baleines
DE PLUS PRÈS

- Le narval mesure en moyenne 4 mètres de longueur et pèse près de 2 tonnes.

- Il arrive que des narvals se fassent prendre sous la glace et qu'ils en meurent.

- Il est rare que les femelles narvals aient une défense et, quand elles en ont une, elle est beaucoup plus courte que celle des mâles.

- Les baleines boréales n'ont qu'un seul baleineau tous les trois à six ans.

- Les bélugas mesurent de 4 à 5 mètres de longueur.

- Les bélugas passent l'hiver dans les endroits où ils trouvent de l'eau libre ou des glaces flottantes, et ils se déplacent vers le nord pour l'été.

Avec ses 100 tonnes et ses 18 mètres de longueur, la baleine boréale (ci-dessus) est la plus grosse des baleines arctiques. Elle se nourrit de krill et d'autres petites créatures marines.

Les macareux

Les macareux sont de charmants oiseaux trapus, au plumage noir et blanc. Ils sont facilement repérables grâce à leurs joues rebondies, leurs pieds palmés orangés et leur gros bec aux couleurs vives. Voler est une activité difficile pour eux en raison de leurs ailes courtes. Quand un macareux veut s'envoler, il se jette en bas d'une haute falaise et se laisse tomber jusqu'à ce qu'il ait pris assez de vitesse pour s'envoler. Sous l'eau, toutefois, ses ailes font de merveilleuses pagaies. On dirait qu'il vole dans l'eau! Son bec de forme inusitée a aussi une utilité particulière. Il lui permet d'attraper des petits poissons et d'en emmagasiner jusqu'à 30 à la fois!

Les macareux huppés et les macareux cornus nichent dans les eaux froides du Pacifique Nord, ce qui comprend la mer Arctique. Le macareux huppé a le bec orange vif et une huppe de plumes très visibles sur la tête, repoussées vers l'arrière comme de gros sourcils élaborés. Le macareux cornu, lui, a le bec jaune vif. Il mange du poisson, comme tous les macareux, mais aussi de petites pieuvres et des crustacés. Le macareux moine est bien connu en raison de son gros bec multicolore. Il niche dans les îles de l'Atlantique Nord. Il passe ses hivers plus au sud, où il pêche dans l'océan, loin des côtes.

Les macareux font leur nid sous la terre. Ils creusent un terrier dans le sol, près de l'eau pour pouvoir échapper facilement aux goélands qui cherchent souvent à leur dérober leurs œufs. Les femelles ne pondent qu'un seul œuf chaque année, et les deux parents s'occupent de cet œuf et du petit qui en sortira. Les macareux nichent en grandes colonies; ainsi, on peut facilement en trouver des centaines – souvent de plusieurs espèces différentes – au même endroit.

Les macareux se servent de leurs pattes palmées pour nager à la surface de l'eau, mais leurs ailes prennent le relais quand ils sont sous l'eau.

Les macareux DE PLUS PRÈS

- La couche colorée qui couvre le bec des macareux, et qui les rend facilement identifiables pendant la saison de l'accouplement, est remplacée en hiver par une couche plus terne.

- Les macareux muent et revêtent un plumage moins coloré.

- En raison du régime alimentaire de ces oiseaux, l'odeur qui flotte sur les colonies de nidification est très désagréable. Imagine la puanteur que peuvent dégager des centaines ou des milliers d'oiseaux se nourrissant uniquement de poisson!

- Les macareux moines ont une espérance de vie de près de 20 ans, mais comme ils n'ont qu'un petit par année, leurs populations sont facilement menacées si beaucoup de petits meurent en une saison.

D'autres oiseaux arctiques

Les oiseaux arctiques sont fascinants. Beaucoup vivent dans l'eau, sur l'eau ou près de l'eau. La plupart se nourrissent d'animaux marins comme des poissons et des crustacés, mais certains oiseaux de proie, par exemple le harfang des neiges et le faucon gerfaut, mangent des petits mammifères terrestres. Et à l'occasion, vous entendrez des oiseaux chanteurs comme le bruant des neiges.

Le labbe à longue queue est un oiseau de proie très élégant. Sa queue est prolongée par deux longues plumes qui peuvent atteindre 25 centimètres. Rapide comme un faucon, il se nourrit tout autant de poissons que de petits mammifères terrestres. Il lui arrive aussi de voler la nourriture des autres oiseaux.

Les guillemots sont apparentés aux macareux et, comme leurs cousins, ils se nourrissent de nombreuses espèces de petits animaux marins. Ils ont la particularité de faire au moins 1 600 kilomètres à la nage pendant leur migration annuelle, au cours de laquelle ils peuvent parcourir près de 10 000 kilomètres. Ils nagent ainsi parce que leurs petits, qui n'ont alors que trois semaines et demie, ne savent pas encore voler au début de la migration.

La grue de Sibérie (à droite) est un grand oiseau gracieux qui niche dans les régions arctiques de la Sibérie. Elle passe l'hiver en Iran ou en Chine, sur le fleuve Yang-Tsé. C'est une espèce menacée, tant à cause de la chasse dont elle a fait l'objet que de la disparition de son habitat, les zones humides. Beaucoup de gens travaillent fort pour préserver ce bel oiseau, en mettant en place des programmes de reproduction en captivité et de protection des marais où il vit.

Le labbe (ci-dessus) est très gracieux en vol; il est capable de faire du surplace. Quand son nid est menacé, il descend en piqué, les ailes repliées, en criant pour avertir l'intrus.

(À droite) On retrouve souvent au même endroit des colonies de mouettes (de la même famille que les goélands), de guillemots et de macareux. (Les trois espèces figurent de haut en bas). Les mouettes profitent de la présence des autres oiseaux, à qui elles volent les œufs et la nourriture.

Pendant leur migration, les oies des neiges (ci-dessous) peuvent parcourir plus de 4 800 kilomètres sans arrêt. Le reste du temps, cependant, elles préfèrent rester sur la terre ferme et ne volent pas beaucoup.

Les oies des neiges vivent uniquement en Amérique du Nord. Elles sont presque entièrement blanches, mais lorsqu'elles sont en vol, on s'aperçoit que le bout de leurs ailes est noir. Elles ont les pattes et le bec orangés. Les cygnes et les oies volent souvent en grandes troupes, très haut dans le ciel. Cependant les oies passent autant de temps à fourrager dans les champs qu'à barboter, tandis que les cygnes préfèrent généralement les lacs et les étangs.

Les cygnes siffleurs nichent dans l'Arctique. En vol, leur bec noir et leurs ailes toutes blanches permettent de les distinguer des oies. Avec leur long cou, ces oiseaux peuvent aller chercher des plantes à près d'un mètre sous l'eau. On les appelle « cygnes siffleurs » en Amérique du Nord parce qu'ils font tellement de bruit en battant des ailes qu'on peut les entendre clairement même à 50 mètres dans les airs.

On trouve aussi dans tout l'Arctique de nombreuses espèces de goélands, de même que leurs cousins les stercoraires. Ces oiseaux peuvent attraper eux-mêmes les poissons dont ils se nourrissent, mais ce sont des opportunistes qui se rassemblent souvent dans des endroits où nichent d'autres oiseaux, dans l'espoir de s'emparer de leurs œufs ou de leurs petits.

Deux cygnes siffleurs (à droite) dans leur nid avec leurs petits.

Dans
L'ANTARCTIQUE

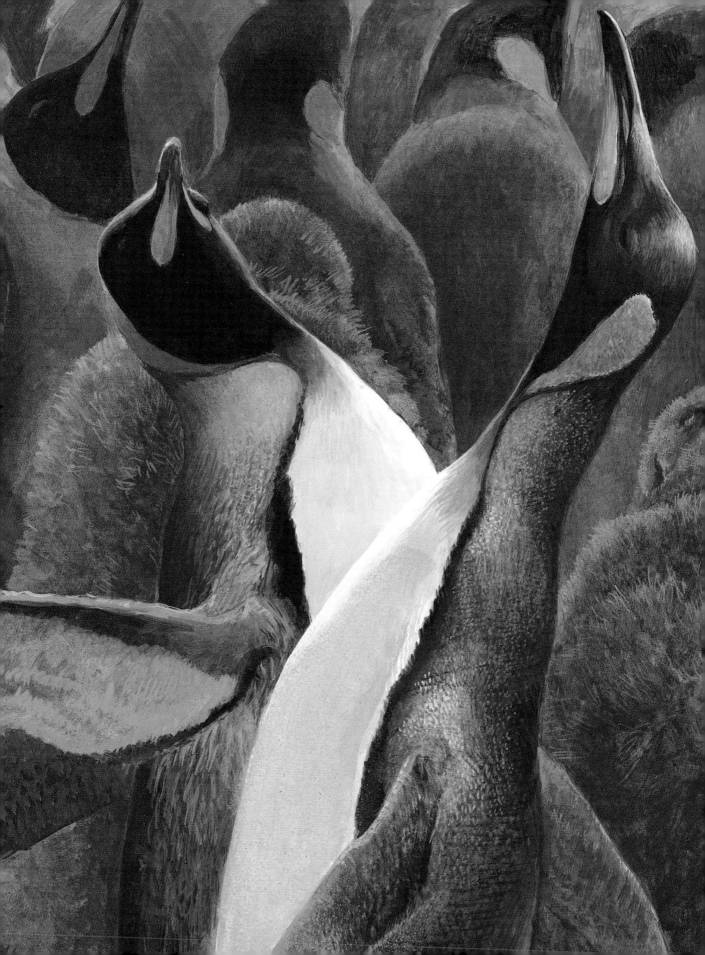

Les manchots

L ors de mon premier voyage en Antarctique, je m'attendais à voir beaucoup de manchots. J'ai tout de même été étonné qu'il y en ait autant. Nous en avons observé des milliers, massés en compagnie de phoques et d'autres oiseaux tout le long des côtes près desquelles passait notre navire. Le littoral grouillait de vie animale.

Les manchots sont généralement noir et blanc, mais certains ont les pattes orangées ou rouges, ou encore, des bandes de couleurs le long du bec. C'est le cas du manchot empereur et du manchot papou. Le gorfou doré, quant à lui, a une coiffe de plumes jaunes qui lui font des sourcils ébouriffés.

L'épaisse couche de graisse et le plumage dense des manchots les protègent du froid et des intempéries. Ils sont incapables de voler, et sont un peu maladroits lorsqu'ils marchent ou glissent à plat ventre sur la glace. Ce sont toutefois des nageurs gracieux. Ils peuvent se laisser porter par une vague jusqu'au rivage, puis bondir hors de l'eau. Les manchots d'Adélie, eux, nagent en sautant au-dessus des vagues.

Le manchot empereur est particulièrement impressionnant, et pas seulement en raison de sa taille. C'est le seul manchot à passer l'hiver en Antarctique.

Ce bébé manchot d'Adélie (ci-dessus) est en train de perdre son duvet pour prendre son plumage d'adulte. Il sera bientôt prêt à nager et entrera alors dans l'eau pour la première fois, à la recherche de nourriture.

Ces manchots royaux (page ci-contre) cherchent à attirer un partenaire en montrant leur tête et leur cou colorés. Pendant cette parade, ils font également un bruit de trompette.

Plusieurs espèces de manchots huppés, dont le gorfou de Schlegel (à gauche), vivent à proximité de l'océan Antarctique.

33

Ces manchots empereurs
(ci-dessus) se laissent glisser sur
le ventre pour se reposer un peu
pendant leur longue marche vers
leur aire de nidification.

(Page ci-contre) Le manchot
à jugulaire est l'espèce la plus
répandue en Antarctique.
On évalue son nombre à plus
de 10 millions!

Le mâle couve l'œuf que la femelle a déposé entre ses pieds.
Il le place sous un repli lâche de sa peau pour le garder bien au
chaud et reste là à protéger son œuf, en plein cœur de l'hiver,
sans rien manger durant deux mois complets. Pendant ce temps,
la femelle retourne à la mer; elle peut alors parcourir jusqu'à
120 kilomètres à la recherche de nourriture. Elle revient au
printemps avec de la nourriture pour le petit qui vient de naître.
Le mâle se rend à son tour à la mer, où il mange son premier repas
depuis des semaines avant de rapporter, lui aussi, de la nourriture
à sa progéniture.

Les diverses espèces de manchots nichent dans des endroits
très différents. Le manchot à jugulaire, qui tire son nom de la bande
noire bordant son menton, choisit les zones les plus hautes, les
premières à se réchauffer au printemps. Le manchot d'Adélie, dont
le plumage rappelle un smoking, préfère les zones rocheuses.
Il construit son nid avec des galets pour en assurer le drainage
et bien en hauteur à l'abri de la boue et de la fiente. Les jeunes
manchots ont des plumes duveteuses qui ne sont pas imperméables
et ils n'ont pas de couche de graisse pour les garder au chaud.
Le choix du lieu de nidification joue donc un rôle important pour
les protéger jusqu'à ce qu'ils puissent se débrouiller seuls.

Ce qui m'a vraiment étonné, la première fois que j'ai vu un
endroit où nichaient des manchots, c'est que les oiseaux massés
là par milliers ne s'intéressaient absolument pas à nous. Un jour
que je m'étais assis par terre pour dessiner, j'ai vu des manchots
défiler à côté de moi sans me prêter la moindre attention. J'ai
peint ces manchots à jugulaire exactement comme on les voit ici,
pendant qu'ils s'avançaient droit sur moi avant de s'écarter – à
peine – pour me contourner.

Les manchots
DE PLUS PRÈS

- Les manchots papous se regroupent parfois par centaines pour pêcher. Ils forment des « radeaux » dans la mer pour attraper plus facilement leurs proies.

- Les manchots empereurs peuvent atteindre 1 mètre de hauteur et peser jusqu'à 40 kilos.

- Les manchots peuvent boire de l'eau salée grâce à un organe spécial qui filtre le sel dans leurs vaisseaux sanguins. Ils se débarrassent ensuite du surplus de sel par le nez.

- Le manchot empereur mâle perd jusqu'au tiers de son poids pendant qu'il s'occupe de son petit. S'il perd trop de poids avant le retour de la femelle, il lui arrive d'abandonner son petit pour sauver sa propre vie.

Les albatros
DE PLUS PRÈS

- Les albatros peuvent vivre jusqu'à 50 ans.

- Ils pèsent de 7 à 9 kilos.

- Ils font leur nid à découvert, sur le sol.

- Les albatros ont les pattes palmées; ils nagent en surface, mais ne sont pas capables de plonger, même s'ils vont parfois chercher de la nourriture juste au-dessous de la surface.

- On a découvert des restes fossiles montrant qu'il y avait déjà des albatros dans l'Atlantique Nord il y a 5 millions d'années.

Les albatros

La traversée vers l'Antarctique en bateau est parfois assez mouvementée, mais pendant un de mes voyages là-bas, nous avons eu la chance de naviguer par temps calme. Comme nous n'avions pas à nous préoccuper de garder notre équilibre, nous avons pu nous amuser à observer les oiseaux qui suivaient notre navire – en particulier les albatros, les plus majestueux de tous les oiseaux de mer.

Les albatros passent tout leur temps au-dessus de l'océan, en profitant des forts courants d'air froid qui soufflent sur les vagues. Ils ne descendent sur le rivage que tous les deux ans, pour nicher. Bien qu'ils puissent rester dans les airs pendant

des périodes incroyablement longues, ils ne sont pas constamment en vol. Pendant un de mes périples en Antarctique, mes compagnons de voyage et moi avons pu voir, à notre grand plaisir, un albatros à tête grise atterrir sur notre navire pour s'y reposer.

Les albatros se nourrissent de calmars, de poissons et d'autres créatures marines, et ils leur arrivent aussi de manger de la charogne. Ils étaient bien connus des marins d'autrefois, dont ils suivaient les navires dans l'espoir de ramasser des déchets. On dit parfois que les marins évitaient de blesser des albatros, de crainte que cela leur porte malheur. Mais ce n'est pas vrai. En fait, les marins en tuaient souvent, pour se nourrir ou simplement pour le sport.

La plus grande tragédie qui affecte aujourd'hui les albatros, c'est la pêche industrielle à la palangre. Les pêcheurs mettent chaque jour à l'eau des milliers de lignes appâtées, pour prendre du poisson, mais ces lignes tuent plus de 300 000 oiseaux de mer tous les ans. La pêche à la palangre n'est populaire que depuis une vingtaine d'années, mais elle a déjà poussé les albatros au bord de l'extinction.

L'albatros hurleur (ci-dessus), comme celui qu'on voit ici sur son nid, est le plus gros des albatros. L'envergure de l'albatros est d'environ 3,6 mètres – la plus grande de tous les oiseaux du monde. Comme les autres albatros, son bec est orné de longues narines tubulaires.

(Ci-dessous) Voici un croquis de l'albatros à tête grise qui est venu se poser à bord de notre navire.

La survie dans l'Antarctique

On voit sur ce tableau deux manchots qui s'abritent parmi des dizaines d'ossements de baleines datant de l'époque où l'on chassait les baleines dans l'Antarctique, ce qui a presque mené à leur extinction.

La meilleure façon de survivre dans l'Antarctique, c'est d'aller passer l'hiver ailleurs puisque la température peut descendre au-dessous de -80˚C en cette saison. Même en été, la température dépasse rarement le point de congélation. De plus – chose étonnante – l'Antarctique est un désert qui reçoit moins de 5 centimètres de précipitations par an. Ses blizzards ne sont pas de la neige fraîche, mais de la neige déjà tombée, soulevée par des vents violents. On pourrait croire que l'Arctique et l'Antarctique se ressemblent, mais ce sont deux régions bien différentes. Après tout, on retrouve dans l'Arctique le plus gros ours de la planète – l'ours polaire –, alors que le plus gros animal terrestre en Antarctique est un moustique sans ailes.

Ce manchot papou leucistique (blanc) s'est fait attaquer par deux pétrels géants qui espéraient en faire un repas. Ils avaient remarqué que le manchot n'était pas comme les autres et supposaient qu'il serait faible. Mais ils ont été déçus. Le petit manchot leur a résisté jusqu'à ce qu'ils lâchent prise et qu'ils s'éloignent.

Les manchots doivent affronter de nombreux dangers dans leur lutte pour la survie. Ils doivent notamment éviter les stercoraires, des oiseaux de mer qui mangent leurs œufs et leurs petits. Les léopards de mer attendent patiemment sous la glace, prêts à s'emparer d'un manchot qui descend à l'eau sans se méfier. Le climat peut également être leur ennemi. Si la température baisse trop pendant l'hiver, ils risquent de mourir avant la migration. Et, si elle se réchauffe trop tôt, la glace peut fondre avant que les petits soient prêts à nager.

Si tu vas en Antarctique, il y a peu de chances que tu voies du krill, même si ce sont les créatures vivantes les plus importantes de la région. Ce sont de minuscules crustacés semblables à des crevettes, d'à peine 5 centimètres de long. Ils nagent par milliers dans l'océan et constituent la principale source de nourriture des manchots, des poissons, des phoques et des baleines. S'il n'y avait pas de krill, aucun de ces animaux ne survivrait.

Krill

Le pétrel des neiges est un petit oiseau de mer qui mange du krill, en plus de poissons et d'autres petits mollusques et crustacés. C'est un oiseau particulier, car il peut survivre toute l'année dans l'Antarctique. Il niche sur la terre ferme et passe l'hiver sur les glaces flottantes. En fait, il est tellement bien adapté aux températures froides de l'Antarctique qu'il mourrait sous des climats plus chauds. Comme beaucoup de pétrels, il projette un flot huileux de krill à demi digéré et nauséabond quand il est menacé par des prédateurs. C'est une façon très efficace de se débarrasser des visiteurs indésirables!

Les phoques et les otaries de l'Antarctique

Les éléphants de mer austraux sont les plus gros phoques de la planète. Ils plongent très profondément pour se nourrir, à 1 000 mètres ou plus, et peuvent rester sous l'eau jusqu'à deux heures consécutives. Les éléphants de mer se regroupent en immenses colonies pour se reproduire, mais chaque mâle établit son propre territoire au sein de la colonie en rugissant et en se battant. Ensuite les femelles se rendent sur le rivage pour donner naissance aux petits. Chaque colonie peut compter jusqu'à 1 000 individus, et les mâles dominants peuvent avoir une cinquantaine de partenaires.

Les mâles ont une trompe impressionnante, qui ressemble à un gros nez mou. Avec cette trompe, ils poussent des barrissements sonores pour écarter les autres mâles pendant la saison des amours.

Les léopards de mer sont plus solitaires que les éléphants de mer. Ils sont aussi plus petits, et ils se nourrissent dans des eaux moins profondes. Les adultes sont particulièrement friands de manchots, tandis que les jeunes mangent du krill, du poisson et des calmars. Pour attraper des manchots, les léopards de mer se postent silencieusement juste sous la surface de l'eau. Quand un manchot entre dans l'eau, ils l'attrapent et le secouent vigoureusement par les pieds au-dessus de l'eau… jusqu'à ce qu'il sorte de sa peau! Ils mangent ensuite leur proie tandis que sa peau flotte un peu plus loin.

(Ci-dessous) Les otaries à fourrure étaient autrefois chassées pour leur fourrure. C'est pourquoi elles étaient devenues très rares. Elles sont un peu plus nombreuses de nos jours, mais leur population n'est pas complètement rétablie. On voit ici une otarie à fourrure se reposant à côté d'un vieux navire baleinier. Juste à côté, hors de vue, des ossements de baleine sont éparpillés sur la grève.

Les phoques et les otaries
DE PLUS PRÈS

- Chez les éléphants de mer, les mâles adultes mesurent environ 6 mètres de longueur et pèsent près de 2 700 kilos. Les femelles sont beaucoup plus petites; elles mesurent environ 3 mètres de longueur et pèsent près de 900 kilos.

- Les léopards de mer mâles mesurent environ 2,8 mètres de longueur et pèsent autour de 320 kilos; les femelles font près de 3 mètres de longueur et environ 360 kilos.

- Les léopards de mer sont très agressifs; il leur arrive même de menacer des gens.

- On dénombre six espèces de phoques et d'otaries dans l'Antarctique.

(À droite) Léopard de mer
dans l'eau.

Ces jeunes éléphants de mer (ci-dessus)
n'ont pas encore l'énorme trompe
qu'ils auront à l'âge adulte.

Les baleines de l'Antarctique

À certains égards, l'histoire des humains dans l'Antarctique se confond avec celle des baleines. Pendant des décennies, ces mammifères marins ont été chassés pour leur viande et leur huile, et beaucoup d'espèces ont été presque décimées. Heureusement, les humains ont pris conscience du danger, et les eaux entourant l'Antarctique sont aujourd'hui un sanctuaire où la chasse à la baleine est surveillée de près.

Il y a deux types de baleines : les baleines à dents et les baleines à fanons. Les baleines à dents mangent des poissons, des calmars et des petits mammifères marins. Les baleines à fanons n'ont pas de dents mais des fanons, qui ressemblent à un peigne et leur permettent de manger d'énormes quantités de nourriture. Quand elles ouvrent la bouche, les poissons et les crustacés s'y engouffrent. Quand elles la referment, elles expulsent l'eau de mer à travers leurs fanons et peuvent ensuite avaler leur repas.

Les épaulards sont une des deux seules espèces de baleines à dents en Antarctique. Ce sont des animaux magnifiques au manteau noir et blanc très contrasté. Athlétiques et gracieux, ils peuvent bondir dans les airs et retomber dans l'eau, provoquant ainsi de grandes éclaboussures. Ils travaillent souvent en groupe pour capturer leurs proies : un des membres du groupe peut par exemple soulever une plaque de glace flottante pour en déloger un phoque qui s'y repose, inconscient du danger, tandis que les autres attendent leur victime sous l'eau.

Les rorquals à bosse sont des baleines à fanons de taille moyenne. Ils peuvent manger chaque jour quelque 2 270 kilos de krill. Les deux rorquals à bosse (à droite) paraissent bien petits à côté de l'énorme montagne de glace qui s'élève derrière eux.

Les épaulards se déplacent en troupes formées des membres d'une même famille. Tous les membres de la troupe prennent soin des petits.

Les baleines
DE PLUS PRÈS

- Les baleines sont les seuls mammifères adaptés à la vie en haute mer.

- Toutes les espèces de baleines de l'Antarctique se retrouvent aussi dans les autres océans du globe.

- Les épaulards ou orques appartiennent à la famille des dauphins.

- La baleine franche, une baleine à fanons qui vit en Antarctique, possède une épaisse couche de graisse et est relativement facile à capturer. De plus elle ne coule pas quand elle est abattue. C'est pourquoi, à une époque, elle a fait l'objet d'une chasse intensive.

La migration des animaux des pôles

La plupart des oiseaux et des autres animaux qui vivent près des pôles migrent pour échapper au terrible froid de l'hiver. Leurs habitudes migratoires varient toutefois. Les températures extrêmes entraînent des migrations exceptionnelles. Certaines espèces parcourent de très courtes distances, tandis que d'autres accomplissent des voyages incroyablement longs.

La sterne arctique, par exemple, semble être une accro du soleil. Après avoir niché dans l'Arctique, pendant les longues journées de l'été boréal, elle descend jusqu'aux confins de l'Antarctique pour profiter de l'été austral. Elle parcourt ainsi près de 32 000 kilomètres chaque année! Aucune autre espèce au monde ne migre aussi loin. Les jeunes sternes s'envolent vers le sud avec leurs parents à la fin de leur premier été et restent seules dans l'Antarctique pendant deux ans avant d'être prêtes à entreprendre leurs migrations annuelles. Comme leurs parents, elles passent ensuite le reste de leur vie à suivre le soleil.

Les sternes arctiques (ci-dessous) construisent des nids sur les rochers, au bord de la mer. Elles protègent farouchement ces nids et peuvent descendre en flèche si une embarcation s'approche trop du rivage.

L'océanite de Wilson se déplace dans le sens contraire de la sterne arctique, et sur une plus courte distance. Il niche dans l'Antarctique en été et passe l'hiver dans l'Atlantique Nord. D'autres oiseaux, comme les manchots, migrent vers des terres beaucoup plus proches de leur aire de reproduction.

La plupart des baleines passent l'été dans les régions froides pour profiter de l'abondante nourriture qui s'y trouve en cette saison. Les baleines à bosse se retrouvent aussi bien dans les eaux de l'Arctique que dans celles de l'Antarctique; elles y mangent d'énormes quantités de krill, de poissons et d'autres créatures marines. Elles vont ensuite se reproduire dans les eaux chaudes des tropiques, où elles survivent uniquement grâce à leurs réserves de graisse en attendant de retourner dans la région où elles se nourrissent. Les baleines de l'hémisphère Nord et celles de l'hémisphère Sud ne se rencontrent jamais, puisqu'elles restent toujours du même côté de l'équateur.

Quand il survole l'océan à la recherche de nourriture, l'océanite de Wilson (ci-dessus) effleure l'eau avec ses pattes comme s'il courait à la surface.

Beaucoup de mammifères terrestres de l'Arctique migrent aussi. Les caribous suivent le même parcours de migration depuis toujours, descendant vers le sud en hiver et retournant ensuite vers le nord pour se reproduire. Les ours polaires, eux, suivent les déplacements des phoques annelés. Lorsque la nourriture se fait rare, ils s'aventurent parfois dans les villes situées le plus au nord, où ils se nourrissent de déchets laissés par les humains.

Certaines espèces d'oiseaux et d'animaux ne migrent pas du tout et d'autres ne migrent que sur de très courtes distances. Le lagopède des saules, par exemple, est un magnifique oiseau qui passe sa vie dans la toundra. Au fil des saisons, son plumage change de couleur, sombre en été et blanc en hiver. Il descend parfois légèrement vers le sud pendant les mois les plus froids, mais il ne migre pas vraiment. Pour survivre durant l'hiver, il mange des brindilles et des bourgeons – surtout de saule, qu'il affectionne particulièrement.

Épilogue

J'ai passé ma vie à observer les animaux, tant dans mon jardin qu'au bout du monde, jusque dans l'Antarctique. Ce que je trouve fascinant, c'est de voir comment les animaux survivent dans leur habitat. Les températures extrêmes des deux régions polaires présentent des difficultés particulières pour leurs habitants. Les hivers sont terribles, la nourriture est parfois rare et les petits sont très vulnérables. Presque toutes les créatures polaires doivent aussi faire face à des ennemis naturels, de féroces prédateurs qui, souvent, servent à leur tour de proies à des prédateurs encore plus gros. Les changements climatiques représentent également une menace pour les animaux des pôles.

Les animaux de l'Arctique et de l'Antarctique ont été trop chassés par les humains, et d'autres sont victimes de la pêche industrielle. Le réchauffement de la planète modifie aussi l'équilibre du climat dans ces régions. Les calottes polaires rétrécissent, ce qui menace les animaux dont le cycle de vie repose en partie sur la présence de cette glace. Dans le passé, les baleines de l'Antarctique ont été sauvées de l'extinction grâce aux efforts des humains. Et aujourd'hui, certaines entreprises de pêche à la palangre teignent leurs appâts en bleu parce qu'on s'est aperçu que cette couleur les rendait moins attrayants pour les albatros et les autres animaux marins. Nous pourrons trouver encore d'autres solutions si nous poursuivons nos efforts. Il suffit de le vouloir.

Mes voyages dans l'Arctique et l'Antarctique m'ont appris que la beauté se cache parfois dans les endroits les plus inattendus. L'Arctique, baigné de blanc en hiver, éclate de couleurs pendant l'été : les lichens, les fleurs, les buissons à fleurs et la faune – comme l'arlequin plongeur, avec son riche plumage – enjolivent et égayent le paysage. Il n'y a pas d'autre endroit au monde où il est possible de voir près d'un million de créatures vivantes en même temps, sauf peut-être l'Antarctique, où l'on peut apercevoir des manchots à perte de vue pendant la saison de la reproduction. Ce sont des endroits fantastiques. Nous devrions célébrer la beauté de ces régions et la grande variété des espèces qui ne se contentent pas d'y survivre, mais qui y prospèrent aussi.

On dit souvent que la variété est le sel de la vie. Autrement dit, la vie serait ennuyeuse si tout était pareil. Mais, à mon avis, la variété, c'est la vie même. Si le monde n'avait pas été peuplé d'une multitude d'espèces d'animaux et de plantes, il serait mort. C'est à nous d'en préserver la beauté et la diversité, dans tous les coins de la planète. Et surtout, peut-être, dans nos deux mondes polaires.

— Robert Bateman

(Ci-dessous) Jeunes manchots royaux

Glossaire

Banquise – Bloc de glace qui flotte sur l'océan.

Calotte polaire – Grand dôme de glace au-dessus de chaque pôle. Cette glace se forme normalement au-dessus de la terre ferme, mais comme il n'y en a pas dans l'Arctique, la calotte polaire s'y est formée au-dessus de l'eau.

Cercle arctique – Ligne imaginaire entourant le globe, à 66 degrés au nord de l'équateur.

Coquillage bivalve – Mollusque marin pourvu d'une coquille articulée en deux parties, par exemple les palourdes, les moules et les huîtres.

Crustacé – Animal, le plus souvent marin, qui a une carapace protectrice extérieure plutôt qu'un squelette, par exemple les homards, les crabes, les crevettes et le krill.

Glace marine – Glace formée d'eau de mer, contrairement aux glaciers et aux icebergs faits de neige compactée.

Glacier – Vaste plaque ou rivière de glace faite de neige compactée, qui glisse lentement sur le terrain environnant.

Graisse – Épaisse couche de gras sous la peau de certains mammifères comme les baleines, les pingouins et les phoques.

Iceberg – Gros morceau de glace flottante détaché d'un glacier.

Lichen – Organisme composite, mélange de champignons et d'algues, capable de survivre au froid extrême; il pousse sur les pierres et les arbres.

Limite forestière – Ligne au-delà de laquelle le climat est trop froid, et la saison de croissance trop courte pour que les arbres puissent pousser.

Régions polaires – Régions extrêmement froides entourant les pôles Nord et Sud; ce sont les moins ensoleillées au monde.

Toundra – Zone située au-delà de la limite forestière, où il pousse seulement des arbustes et des plantes basses. Dans l'Arctique, la toundra s'étend tout autour du pôle. Dans l'Antarctique, elle est plus limitée; on n'y trouve pas autant de plantes, et aucun mammifère indigène.

Trompe – Long museau flexible, par exemple chez l'éléphant ou l'éléphant de mer.

Robert Bateman a été acclamé et reconnu comme l'artiste le plus influent du XXe siècle. Son art original et ses gravures à tirage limité sont recherchés par les collectionneurs du monde entier. Sa passion pour la nature l'a entraîné à plaider la cause des questions écologiques, travaillant ainsi à sauver les habitats des animaux qu'il peint. Il est lauréat de nombreux prix pour son œuvre. Parmi les livres pour enfants de Robert Bateman, on peut citer les succès de librairie intitulés *Les oiseaux de mon jardin* et *Les oiseaux de proie*.

Nancy Kovacs est auteure, réviseure et naturaliste amateur. Elle a travaillé comme rédactrice pour Ontario Nature (la Fédération des naturalistes de l'Ontario) et l'Institut pontifical des études médiévales. Plus récemment, elle a assuré la révision de deux autres ouvrages de Robert Bateman, *Les oiseaux de mon jardin* et *Les oiseaux de proie*.

Mondes polaires est une production de Madison Press Books.
1000, rue Yonge, bureau 200
Toronto (Ontario) Canada M4W 2K2

Directrice artistique : Diana Sullada

Responsable de la production : Sandra L. Hall
Vice-présidente, Finances et Production :
Susan Barrable

Éditrice associée : Alison Maclean
Président et éditeur : Oliver Salzmann